ÉTUDES ET RÉFORMES DE LÉGISLATION

DE L'INTERPRÉTATION JUDICIAIRE ET LÉGISLATIVE DES LOIS

PAR

RAOUL DE LA GRASSERIE

DOCTEUR EN DROIT
JUGE AU TRIBUNAL DE RENNES, MEMBRE DE LA SOCIÉTÉ DES GENS DE LETTRES,
DE LA SOCIÉTÉ DE LÉGISLATION COMPARÉE ET DE LA SOCIÉTÉ
DE LINGUISTIQUE DE PARIS, DE LA SOCIÉTÉ
ROYALE ASIATIQUE ET DE LA SOCIÉTÉ PHILOLOGIQUE DE LONDRES,
DE LA SOCIÉTÉ ORIENTALE D'ALLEMAGNE

PARIS
CHEVALIER-MARESCQ, ÉDITEUR
20, Rue Soufflot, 20.

1891

ÉTUDES ET RÉFORMES DE LÉGISLATION

DE L'INTERPRÉTATION

JUDICIAIRE ET LÉGISLATIVE

DES LOIS

PAR

RAOUL DE LA GRASSERIE

DOCTEUR EN DROIT
JUGE AU TRIBUNAL DE RENNES, MEMBRE DE LA SOCIÉTÉ DES GENS DE LETTRES,
DE LA SOCIÉTÉ DE LÉGISLATION COMPARÉE ET DE LA SOCIÉTÉ
DE LINGUISTIQUE DE PARIS, DE LA SOCIÉTÉ
ROYALE ASIATIQUE ET DE LA SOCIÉTÉ PHILOLOGIQUE DE LONDRES,
DE LA SOCIÉTÉ ORIENTALE D'ALLEMAGNE

PARIS
CHEVALIER-MARESCQ, ÉDITEUR
20, Rue Soufflot, 20.

1891

DE L'INTERPRÉTATION
JUDICIAIRE ET LÉGISLATIVE
DES LOIS

Une des causes les plus importantes de la multiplicité des procès, de l'incertitude de la propriété et des autres droits, de l'imperfection de la loi elle-même, c'est l'absence de *lois interprétatives*, c'est-à-dire de décisions, soit de l'*autorité judiciaire*, soit de l'*autorité législative*, fixant pour l'avenir un point de droit douteux, de manière à ce que cette solution devienne partie intégrante de la loi elle-même et ne puisse plus être discutée. Rien n'est jamais définitivement certain, si ce n'est dans le litige même qui a fait l'objet de la décision de justice. Il est à la connaissance de tous que, la même question se représentant entre d'autres parties, les tribunaux et cours ne sont pas obligés de se conformer à la jurisprudence de la Cour de Cassation, et que celle-ci elle-même n'est pas tenue de conserver sa jurisprudence antérieure; de là des revirements fréquents, dont quelques-uns sont devenus célèbres.

Combien ce défaut de lois interprétatives rend les procès fréquents, il est inutile d'insister sur ce point. Si toutes les questions de droit obtenaient une solution générale et pour l'avenir, les parties, dès le moment de leurs conventions, les régleraient sous cette solution, et aucun procès ne pourrait plus, en fait, se reproduire dans les mêmes termes. Bien plus, la solution des questions principales entraînerait virtuellement celle d'autres accessoires qui en dépendent. Cela est si vrai que la fixation telle quelle, la fixation probable de la jurisprudence, aujourd'hui empêche déjà de nombreux litiges.

L'incertitude des droits naît de cet état ; il n'est pas possible, en faisant une convention, même en se conformant aux précédents jurisprudentiels, de se mettre en toute sûreté ; *on contracte, pour ainsi dire, à tâtons.* Quel est le testateur qui peut se flatter de la certitude que son testament sera valable ? Au moins devra-t-il prendre des précautions superflues, et ne pas se fier à la jurisprudence actuelle qui déclare que telle formalité n'est pas exigée à peine de nullité.

Enfin *la loi reste imparfaite.* En effet, il résulte des procès faits qu'elle n'avait pas tout prévu, ou qu'elle n'avait pas statué clairement. Cette imperfection mise en lumière, on pourrait y remédier par une loi accessoire, par une loi interprétative, contenant ce qui manquait à la première, mais précisément cette loi ne se fait pas, et *l'imperfection reste perpétuelle.*

Nous ajouterons que la loi y *perd de son autorité* ; elle est livrée à toutes les *subtilités*, à toutes les arguties ; elle prête à la *mauvaise foi*, elle semble par ses obscurités la favoriser et être un instrument, non d'équité, mais de chicane. Elle n'a plus son vrai caractère qu'il serait facile de lui conserver ou de lui rendre ; celui de protection.

Si la loi interprétative est possible, elle est donc extrêmement utile. Mais on se trouve immédiatement en face de deux réponses : 1° *la jurisprudence* au bout d'un certain temps *se fixe*, et alors il n'est plus besoin de loi interprétative ; ce travail s'est à peu près opéré depuis la promulgation de nos Codes : 2° la *loi interprétative est impossible*, car elle ne peut émaner que du législateur : *cujus est condere legem, ejusdem eam interpretari* ; or on ne peut mettre le législateur en mouvement à chaque controverse née entre citoyens ; que si la loi interprétative émane du corps judiciaire, il n'y a plus séparation des pouvoirs.

La première de ces objections est une *objection de routine*, la seconde une *objection de principe*.

Il n'est pas vrai de dire que la jurisprudence se fixe, elle ne se fixe jamais, elle ne fait que le sembler, et il en est ainsi sur les questions les plus importantes. Nous n'en voulons donner qu'un seul exemple. La question controversée de savoir si le réservataire renonçant peut retenir le don en avancement d'hoirie à la fois sur le disponible et sur sa part de réserve a été résolue négativement de 1818 à 1843, affirmativement de 1843 à 1863, et de nouveau négativement depuis cette époque, toujours par la Cour de Cassation ; or, chacune des deux périodes avait été longue, la première fut de 25 ans, la seconde de 20 ans, et dans chacune d'elle on pouvait croire la solution certaine ; il n'en était rien. Avant le commencement de la troisième, Demolombe avait consacré plus de deux cents pages de son grand ouvrage sur le droit civil à combattre la jurisprudence alors triomphante. Qui nous assure que la solution ne changera pas encore ?

Ajoutons que, surtout tant que les Cours d'Appel résistent à la jurisprudence de la Cour de Cassation, ce qui arrive fréquemment, la fixation telle quelle de la jurisprudence ne s'accomplit pas.

Mais la jurisprudence arrivât-elle à se fixer ainsi, ce n'est pas après un premier arrêt de cassation : il faut avoir une suite d'arrêts conformes, soit un arrêt de Chambres réunies, pour obtenir ce résultat. Quelquefois un long temps se passe avant que se réalise une confirmation de cette sorte. Pendant tout ce temps, la question est incertaine. Les *amateurs de jurisprudence* sont vraiment très patients, et comme on voit bien que leur intérêt personnel n'est pas en jeu, ou plus exactement leur intérêt est en jeu, mais dans un sens contraire à celui des plaideurs, et recherche l'obscurité de la loi, désirant que celle-ci devienne *claire le plus tard possible* ; car ces amateurs sont presque tous des intermédiaires de ces procès, et craignent de voir le nombre de ceux-ci diminuer.

De plus, leur intérêt particulier et tout spécial se double de routine ; ils ne veulent pas *qu'on leur arrache leur science*, celle de la jurisprudence. A quoi leur aurait servi de l'avoir péniblement apprise et suivie, si elle disparaissait tout à coup devant les clartés d'une loi !

Donc la jurisprudence ne se fixe jamais, et si l'on admet qu'elle le fasse, elle le fait beaucoup trop tard.

La seconde objection est celle-ci : *le législateur seul peut interpréter la loi*, et l'on ne peut dans ce but le déranger à tout propos ; cette objection ne tient plus si l'on prouve *que c'est au juge du droit à interpréter la loi même pour l'avenir*, mais même dans le cas contraire elle est bien peu solide, car on peut confier à une *commission du législatif*, et non au législatif entier, le droit d'interprétation.

Une *interprétation ferme de la loi pour l'avenir* est donc *utile*, elle est *possible*, et *la jurisprudence ne peut la remplacer*.

Cela paraîtra bien plus certain encore si nous constatons comment fonctionne en ce moment cette jurisprudence, et les essais législatifs de lois interprétatives qui ont été tentés. Cela nous amène tout d'abord à examiner *le mécanisme de la Cour de Cassation*. Il est connu de tous ; nous n'avons pas besoin de le décrire, mais seulement de le résumer.

Lorsqu'une décision de justice est prétendue avoir violé la loi ou les formes, ou être émanée d'une juridiction incompétente, ce qui revient à dire : *est prétendue avoir mal interprété la loi*, cette décision est déférée à la Cour de Cassation qui n'a pas le droit de statuer sur le fond ni sur le fait, mais sur le droit seul, et en cas de violation de la loi ou des formes ne peut que renvoyer devant une autre Cour.

La Cour de Cassation se compose de trois chambres, l'une civile, l'autre criminelle, ce qui se comprend de soi, la troisième dite des requêtes, cette dernière d'introduction ; si un recours ne lui paraît pas sérieux, au civil, cette chambre l'écarte préliminairement, sans longue discussion ; ses arrêts ont beaucoup moins d'autorité que ceux des autres chambres.

Après admission provisoire par la Chambre des Requêtes, excepté en matière répressive, l'une des deux autres chambres juge le droit, mais seulement dans l'instance pendante.

La décision sur le droit est-elle admise tout de suite par la Cour de renvoi ? Non. Mais au bout de combien d'évolutions de procédure et de décisions en sens divers ce résultat se produira-t-il ? Voilà ce qui a été réglé par des lois successives de manières très différentes.

Suivant la loi du 1er décembre 1790, après cassation successive de deux jugements sur la même affaire, le second tribunal ayant pu ne pas suivre la doctrine de cassation, le troisième tribunal était encore libre sur la question de droit. S'il résistait aussi, la Cour de cassation devait, avant de prononcer sur le troisième, pouvoir provoquer une déclaration interprétative du Corps législatif ; dès lors, la question était résolue définitivement et pour le litige actuel et pour les litiges à venir législativement.

Suivant la Constitution de l'an III, ce système est maintenu, mais l'interprétation législative intervient dès le deuxième pourvoi.

Suivant la Constitution de l'an VIII, sur le deuxième pourvoi, on ne recourt plus au pouvoir législatif, la Cour de Cassation statue *toutes chambres réunies*; mais, même après cet arrêt, le tribunal de renvoi peut juger contrairement à la doctrine de Cassation.

Sous la loi du 16 septembre 1807, la Cour de Cassation, saisie du deuxième pourvoi, a le choix de demander au Conseil d'Etat un avis interprétatif de la loi ou de statuer préalablement, toutes chambres réunies, sous la présidence du ministre de la justice, sauf, dans le cas d'un troisième pourvoi, à demander alors l'interprétation du Conseil d'Etat.

Sous la loi du 31 juillet 1828, l'interprétation par le pouvoir exécutif est supprimée, et le deuxième pourvoi est jugé par la Cour de Cassation présidée par son premier président. Le troisième tribunal auquel l'affaire est renvoyée juge en assemblée générale. Si sa décision est dans le sens de celles des deux autres tribunaux, sa sentence est souveraine et l'emporte sur celle de la Cour de Cassation. Toutefois, le gouvernement doit, dans ce cas, présenter l'année suivante aux Chambres un projet de loi interprétative.

Enfin, dans l'état actuel régi par la loi du 1er avril 1837, le deuxième pourvoi est jugé par les Chambres réunies de la Cour de Cassation, et le troisième tribunal doit se soumettre à l'avis de Cassation.

De ces législations successives, celles de 1790 et de 1791 admettent *les lois interprétatives* que nous réclamons aujourd'hui, quoique par un autre moyen et après un trop long circuit, mais leur principe est juste.

La loi de 1807 est aussi dans ce sens, mais a le tort de conférer la loi interprétative au pouvoir exécutif.

Les autres Constitutions, de l'an VIII, loi de 1828 et loi actuelle de 1837) rejettent la loi interprétative; la Constitution de l'an VIII consacre une véritable *anarchie judiciaire;* la loi de 1828 fait bien pis, elle met le sommet en bas, en donnant à une Cour d'Appel la victoire sur la Cour suprême.

C'est maintenant le système actuel que nous allons examiner avec plus de détails pour en voir l'économie et les conséquences pratiques.

Comme dans les systèmes précédents, il y a une longue lutte entre la Cour de Cassation et les Cours d'Appel ; le législateur semble se défier de la juridiction suprême qu'il a instituée. Il faut qu'elle statue deux fois dans le même sens pour avoir autorité, et quelle autorité ? Seulement relativement à l'affaire qui lui est actuellement soumise. Voilà pour le principe.

Mais en pratique c'est bien pis encore. Sans doute la troisième Cour va devoir se soumettre à la décision de Cassation sur le point décidé, mais le procès va-t-il être clos dans ce cas? Nullement, l'arrêt de la 3e Cour peut être entaché de nullité pour vice de forme, par exemple, ou, comme l'arrêt de la première Cour est anéanti entièrement quant à la partie de la décision, objet du pourvoi, d'autres erreurs de droit peuvent être commises par la Cour de renvoi sur des moyens nouveaux; de ces chefs l'arrêt de la 3e Cour peut revenir devant la Cour de Cassation, puis de là devant une autre Cour, puis devant la Cour de Cassation, puis une dernière fois devant une Cour. Que dis-je : une dernière fois? Cela peut être seulement le recommencement d'une nouvelle série. Cette série est encore plus étendue, quand la procédure est annulée à partir d'un certain acte et qu'il faut la recommencer à partir de l'acte annulé.

Ainsi pour n'arriver qu'à une *autorité relative sur le point de droit*, les parties peuvent subir une procédure qui durera peut-être huit à dix ans ; elles peuvent comparaître dix fois devant la Cour de Cassation, trente fois devant la Cour d'appel et tout cela *à leurs frais* ; nul ne les récompensera de ce dommage, non plus que du retard causé.

Si, au moins, le point péniblement conquis l'était au profit de tout le monde, mais point. Qu'un autre procès éclate sur la même difficulté, *tout recommencera.*

Pourquoi établir alors une Cour de Cassation, si son autorité est si peu supérieure à celle des Cours d'appel, si le législateur lui-même la reconnaît après tant d'hésitation !

Ne nous occupons pour l'instant que de la décision du droit

entre les parties et dans *l'instance pendante.* Quoi de plus simple à organiser ! La Cour de Cassation se compose de magistrats que le législateur suppose éclairés, dont la capacité se spécialise, puisqu'ils n'ont pas à s'occuper du fait. Pourquoi dès la première fois leur autorité ne serait-elle pas souveraine ! Alors, s'ils renvoient l'affaire à une autre Cour, la Cour devra se conformer à la décision prise sur le droit. *Ce serait substituer la hiérarchie à l'anarchie.* Lorsqu'il s'agit du fait, la Cour contraire en avis au tribunal fait bien prévaloir le sien immédiatement ; pourquoi la Cour de Cassation contraire en avis sur le droit à la Cour d'Appel ne ferait-elle pas aussi prévaloir son opinion tout de suite ? Pourquoi exposer avec complaisance au public les plaies et les vices de la loi, tandis qu'il serait si aisé de ne pas les présenter, mais de les guérir ? Si l'on voulait inspirer le mépris de l'estime de la chose jugée, on ne pourrait en inventer un plus sûr moyen.

Ce n'est pas tout. S'il peut y avoir divers moyens de droit à invoquer sur le même chef de la décision, pourquoi ne devrait-on pas être obligé de les invoquer tous ensemble. Ceci nous amène au rôle que doit remplir la Cour de renvoi.

La Cour de renvoi devra désormais, dans une législation rationnelle, *se soumettre immédiatement* sur la question de droit tranchée. Par exemple, la première Cour avait à tort déclaré la preuve testimoniale inadmissible, la seconde Cour se conformant à la doctrine de cassation fera l'enquête. C'est ce que nous venons de décider.

Mais, comme aujourd'hui, le précédent arrêt sera-t-il cassé, entièrement mis à néant ? Il est vrai que la cassation est actuellement limitée au chef de l'arrêt attaqué et ne s'étend pas aux autres décisions du même arrêt. Mais sur ce chef on peut devant la Cour de l'arrêt faire surgir de nouveaux moyens non invoqués devant la première cour ni devant la Cour de Cassation Hé bien ce résultat doit-il être maintenu ? Non. Les parties en litige auront dû invoquer devant la première Cour tous les moyens de droit, toutes les causes de droit, pour que les décisions de cette cour sur tous ces moyens puissent être déférées à la fois à la Cour de Cassation, de sorte que la Cour de renvoi n'aura plus à statuer que sur les causes de nullité de la seconde procédure et sur le fait.

En un mot, le litige ne pourra plus ouvrir aucune question de droit si ces questions existaient déjà et avaient pu être soumises à la première Cour d'Appel et à la Cour de Cassation dès la première fois.

La deuxième Cour n'aura donc plus à juger que les questions de droit qui d'après les circonstances n'avaient pu être soumises à la première Cour, et de plus les questions de fait Dans l'exemple précité, l'ouverture de l'enquête pourra ouvrir des questions de droit nouvelles, par exemple celle-ci : tel témoin est-il récusable, sur la question de fait nouvelle, celle de savoir si la preuve est faite.

Mais si, au contraire, un tribunal ayant statué d'après le résultat de cette enquête, la première Cour avait déclaré la preuve par témoins inadmissible, la Cour de Cassation ayant déclaré la dite preuve admissible, la seconde Cour n'aura pas besoin de recommencer l'enquête, mais pourra-t-elle apprécier le résultat de l'enquête d'une manière différente de l'appréciation du tribunal ? Oui, car elle se trouvera vis-à-vis du tribunal dans la situation de sa véritable juridiction d'appel en révisant une appréciation qui n'avait encore jamais été révisée.

Y a-t-il des cas où la deuxième Cour n'aura pas à juger de nouveau le fait, mais n'aura qu'à appliquer au droit reconnu le fait reconnu. Il peut s'en trouver, mais c'est alors que le renvoi devient inutile, qu'il n'y a plus lieu de distinguer le *rescindant* du *rescisoire*, et que la Cour de Cassation peut juger le tout elle-même, évoquer.

Le *droit d'évocation* qui abrège les procédures est accordé par la loi au profit des Cours d'Appel contre les tribunaux, lorsque le jugement est infirmé et que, de plus, l'affaire est en état d'être jugée sans apurement préalable. Il n'est accordé à la Cour de Cassation contre les Cours d'Appel que dans un cas, lorsque la cassation a lieu par *contrariété de jugements*, car alors de plein droit et par la force des choses c'est le premier jugement qui subsiste seul.

Ce droit d'évocation devrait être étendu d'abord au cas précité, c'est-à-dire lorsque le droit décidé peut être appliqué au fait déjà reconnu par un arrêt de Cour, après jugement sur le fait du tribunal subordonné à cette Cour. Pourquoi renvoyer à une nouvelle Cour, puisqu'il s'agit d'une application forcée et même *mécanique* ?

Mais pourquoi n'irait-on pas plus loin ? Et pourquoi la Cour de Cassation n'aurait-elle pas un droit d'évocation analogue à celui des Cours d'Appel ? Pourquoi, lorsque l'affaire serait en état d'être jugée sur le fait, sans nouvelle instruction, *ne jugerait-elle pas le fait, aussi en fait ?* Ne se compose-t-elle pas de magistrats qui ont siégé auparavant dans les tribunaux et dans les Cours et ayant l'expérience spéciale du fait. Les parties, il est vrai, se trouveraient jugées sur le fait loin de leur domicile, mais cela n'arrive-t-il pas aussi quand l'affaire est renvoyée après cassation devant une autre Cour ? Par exemple, cassant un arrêt, la Cour de Cassation déclare la preuve testimoniale inadmissible ; or, on n'a pas offert d'autre preuve ; pourquoi la Cour de Cassation ne débouterait-elle pas sur le fait et au fond ?

Ce mode de procéder aurait surtout un grand avantage en matière criminelle. Ces procédures sont longues et coûteuses, et on les recommence souvent trois ou quatre fois. Il en résulte aussi que la répression est affaiblie et presque détruite ; l'humanité plaide en faveur des plus coupables lorsqu'ils ont subi trois ou quatre fois de longs débats. Sans doute, ici la Cour de Cassation ne peut juger le fait, mais elle peut adapter souvent le fait déjà jugé au droit.

Que si la Cour de Cassation ne peut évoquer, mais doit renvoyer devant une autre Cour d'Appel, celle-ci, se conformant au point de droit jugé tant par la précédente Cour que par la Cour de Cassation et refusant de statuer sur les points de droit qui n'ont pas été déférés à la cassation ou soumis à la première Cour et qui auraient pu l'être, prononcera définitivement.

La décision ne pourra plus être cassée que pour vices de forme, ou pour non conformité à l'arrêt de cassation.

La procédure se trouvera ainsi très simplifiée.

En outre, il y a lieu de *supprimer la Chambre des Requêtes.* Pourquoi faire examiner deux fois la même question, en cas d'admission ? C'est une perte de temps, des frais, et, en outre, cela empêche la jurisprudence de se fixer sur beaucoup de points de droit, puisqu'elle se forme seulement devant la Chambre définitive.

Nous n'avons pas ici pour objectif de réorganiser la Cour de Cassation, de réformer sa procédure, ni même de rechercher comment se forme son arrêt définitif. Nous avons voulu seulement montrer l'incohérence, l'insuffisance et tous les dangers du système actuel, tout en fournissant en même temps le remède si naturel qui vient sous la main.

La Cour de Cassation a statué sur le point de droit. Comment statue-t-elle ?

Son dispositif ne contient qu'un mot : *confirme* ou bien *casse*, rien de plus. *La solution du point de droit est implicite, elle gît dans les motifs, il est quelquefois difficile de l'en dégager.* C'est ce que font les *arrêtistes* et ce qu'ils font souvent fort mal. C'est encore un obstacle à l'interprétation nette de la loi ; *le droit reste engagé dans le fait.* Aussi, même pour en tirer une jurisprudence, faut-il *lire tout l'arrêt.* Il serait facile de procéder autrement, de dégager le point de droit, de le mettre non seulement dans les motifs, mais *dans le dispositif* ; il en résulterait que l'interprétation de la loi se dégagerait, serait *inrem*, générale, absolue. Le dispositif d un arrêt de Cassation serait ainsi conçu: *La Cour..... attendu*, etc., *dit que l'article..... doit s'interpréter en ce sens que ...., en conséquence déboute le demandeur en cassation*, etc. ; il y aurait un *pronunciatio*, une décision du point de droit, un chef spécial et absolu du dispositif.

Le système que nous indiquons comme devant remplacer le régime actuel, quant à l'*autorité purement judiciaire* des arrêts de cassation et la manière dont ils acquièrent cette autorité, a déjà été consacré en partie par des législations étrangères. Le nouveau code de procédure civile allemand établit un recours : la *révision*, qui, sans être identique à la *cassation*, est cependant analogue. D'après l'article 528 de ce code, en cas de cassation, l'affaire est renvoyée devant la Cour d'Appel qui doit sur le point de droit *se soumettre immédiatement* à la décision de la Cour de révision, mais cette dernière a le *droit d'évocation* 1° quand l affaire est en état d'être jugée sans nouvel apurement ; 2° quand le jugement a été cassé pour incompétence ou inadmissibilité de la preuve ordonnée.

Tout sera dit dans le litige pendant. Ce que nous avons à rechercher maintenant, c'est si *le point de droit* devra ainsi être décidé d'avance pour d'*autres procès à venir*, ou si l'on doit recourir à quelque autre moyen d'ordre tout différent, d'*ordre législatif. C'est notre sujet même.*

D'abord l'*interprétation de la loi ressortit-elle au judiciaire ou au législatif ?*

Si nous consultons une source non négligeable quand il s'agit du côté logique du droit, le Droit Romain, nous trouvons que l'interprétation du droit, bien plus que l'achèvement du droit, c'est-à-dire la mission de le compléter là où il est incomplet, enfin même sa correction, *appartiennent au judiciaire*, mais à une *branche spéciale du judiciaire*, la juridiction du *préteur*. Celui-ci fait et refait la loi, mais une loi spéciale pour le litige en cause. Seulement cette *loi spéciale* devient au bout d'un certain temps obligatoire pour l'avenir. C'est la seule loi interprétative.

Dans l'Ancien Droit français on arrive au même résultat ; les Parlements statuent souvent par *arrêt réglementaire.*

Aujourd'hui, au contraire, un tel *processus* est regardé comme une *usurpation*, il est expressément défendu aux tribunaux, c'est dire que la loi interprétative appartient au législatif seul.

La *séparation constitutionnelle des pouvoirs* en est la *raison théorique*. La raison *pratique* est que le judiciaire en interprétant la loi pour l'avenir pourrait ne pas se contenter de l'interpréter, pourrait la modifier, la refaire dans un but d'utilité, ou sous l'empire d'idées personnelles.

Mais d'abord, au point de vue théorique, si le judiciaire examine seulement l'intention du législateur, s'il veut sincèrement interpréter et non modifier la loi, est-il compétent pour cette *interprétation stricte? Interpréter stricto sensu est-ce légiférer, ou bien est-ce juger ?*

Si c'est légiférer, il ne serait pas compétent pour le faire même entre les parties en litige et fois par fois. Ce juge ne pourrait être juge que du fait. Or, il en est autrement dans tous les temps et dans tous les lieux. Il s'agit de savoir si la solution du droit aura effet lors du procès pendant, mais dans ce litige même partout le juge interpréte la loi. *Donc l'interprétation de la loi n'est pas d'essence législative.*

Mais, ce qui est bien plus important c'est l'*objection pratique. En interprétant* la loi *pour l'avenir*, le juge la *corrige*, la *complète*, la *refait*, *usurpe sur le législateur*; c'est en effet ce qui a eu lieu à Rome, dans l'Ancien Droit français, en Angleterre, etc. Dans ce cas il y a véritablement usurpation, mais cet inconvénient ne peut-il pas être empêché ? C'est ce que nous aurons à rechercher.

La troisième objection est celle-ci : si dans un procès particulier la question de droit est tranchée, les parties nouvelles entre lesquelles la même question s'agitera plus tard *n'auront pas été à même de faire valoir leurs moyens*. Or c'est le motif qui crée, quand il s'agit du fait, l'autorité *purement relative* de la chose jugée. Il doit engendrer la *même relativité* quand il s'agit du droit.

Cette dernière objection rencontre une réponse facile. Quand il s'agit du fait, une autre partie peut avoir à proposer des preuves inconnues lors du premier procès, des témoignages par exemple, et non pas seulement des arguments ; quand il s'agit du droit, plus de nouvelles preuves à proposer ; il n'y aurait de possible que des arguments nouveaux, ce qui est bien différent. or, voyons si même des arguments bien nouveaux sont possibles.

Reportons-nous à l'*autorité de la chose jugée en matière criminelle*. Cette autorité n'est pas relative, elle existe vis-à-vis de tous. Pourquoi ? Parce que tout le monde a été représenté. Par qui? Par le ministère public, qui a fait valoir tous les arguments que quiconque aurait pu proposer. Il en est de même ici ; l'arrêt de cassation se rend contradictoirement non-seulement avec les parties, mais aussi avec le ministère public. Comme il s'agit d'une question de pur droit, celui-ci a fait valoir les arguments que les parties elles-mêmes auraient pu oublier ; le débat a donc été complet, et de plus il n'y a pas lieu à preuves, autres que celles par raisonnement.

L'autorité de la chose jugée en Cassation est donc de sa nature opposable à tous ceux qui ont la même question à soulever.

Il en résulte qu'il est conforme aux principes que la décision de droit de la Cour de Cassation ait autorité *dans l'avenir*, en d'autres termes, ait la force d'une *loi interprétative*.

Au contraire, il y aurait le plus grand danger à confier au législateur en ces termes l'interprétation de la loi, comme l'avait fait le législateur de 1890. Le législateur, s'il fait une loi générale à propos d'un fait particulier, peut prendre ce fait en considération, ce qui voile l'intérêt général ; d'ailleurs, les Corps législatifs sont par leur définition même soumis à toutes les émotions politiques, ce qui est mauvais dans le rôle de juge : cet inconvénient est plus grand encore si la loi interprétative est soumise seulement à une commission du législatif et non à ses assemblées entières. Enfin la distinction des pouvoirs disparait, tous les jugements peuvent être portés à la Cour de Cassation, puis de celle-ci indirectement au législatif, ce qui ferait que le législatif jugerait seul en dernier ressort toutes les fois que le procès renfermerait une question de droit.

On peut, il est vrai, obvier à cet inconvénient en confiant la décision du point de droit dans l'affaire actuelle à la Cour de Cassation seule, puis en déférant ensuite ce point de droit au législatif qui, reprenant cette question, la décidera non plus pour cette affaire pour laquelle elle aura été définitivement jugée, mais pour toutes les autres affaires passées, mais non encore déduites en justice, et pour celles à venir. Alors, il est vrai, l'immixtion du législatif dans le judiciaire n'est plus à craindre, mais cet inconvénient est remplacé par un autre à double face : *complaisance* du législatif pour le judiciaire, ou *contradiction* entre les deux. En effet, n'oublions pas qu'il s'agit jusqu'ici non de réformation, mais de simple interprétation de la loi, c'est-à-dire de *recherche de l'intention de l'ancien législateur*. Or, si la Cour de Cassation décide que le législateur a eu telle intention, comment le législatif entier ou par commission voudra-t-il décider précisément

le contraire, et s'il le fait, quelle autorité morale restera à la décision de la Cour de Cassation dans le procès particulier ? Il sera avéré qu'elle s'est trompée ou que tout au moins le point est incertain ; un nouveau procès survenant dans les mêmes termes recevra une solution différente, ce qui sera une choquante inégalité.

L'interprétation des lois *stricto sensu*, c'est-à-dire *la simple recherche de l'intention du législateur précédent*, abstraction faite de la perfection ou de l'imperfection de la loi ainsi interprétée, échappe donc en logique et en raison au législatif et ne pourrait se faire par lui sans les dangers les plus graves.

Cette interprétation *stricto sensu* par le judiciaire est, au contraire, naturelle, utile et logique.

Il s'agit seulement de savoir : 1° si elle doit se faire séparément et diversement pour chaque affaire, ou si, à propos d'une affaire, la Cour suprême doit décider d'avance le point de droit pour toutes les autres affaires possibles à juger dans l'avenir, 2° s'il n'y a point de précautions à prendre pour que le judiciaire, en interprétant la loi, ne soit point entraîné à la modifier, à la faire, ou à la refaire, et n'empiète ainsi sur le législatif.

Nous avons déjà vu, au point de vue pratique, combien une jurisprudence de droit jamais définitivement fixée est préjudiciable, combien elle entraîne de procès, quelle incertitude elle donne aux droits de propriété et de famille, combien elle prête aux arguties de la doctrine. Cette démonstration suffirait seule, car c'est le côté pratique qui est le plus important en législation. Mais la théorie est conforme. Nous avons cité l'exemple des jugements criminels ; le point de fait reconnu par ces jugements a autorité de chose jugée, même dans d'autres procès entre d'autres personnes qui n'ont pas été représentées au premier. Pourquoi ? Parceque le jugement a été précédé d'une instruction, de débat, de plaidoirie du ministère public dans lesquels la société tout entière a été représentée d'office, tantôt par le ministère public, tantôt par le juge instructeur. Il faut y joindre que la contradiction d'un second jugement avec un premier innocentant ou condamnant un prévenu tirerait toute autorité au premier et *convertirait sa vérité présumée en erreur judiciaire.* Tous ces motifs tendent à donner au jugement civil, sur le point de droit décidé en Cassation, une autorité aussi absolue que celle du jugement criminel sur le point de fait. Ici aussi il y a débat contradictoire avec tout le monde représenté par le ministère public, débat pour lequel d'ailleurs, s'il était renouvelé, on ne pourrait faire valoir que de nouveaux arguments et non des éléments nouveaux. Ici aussi il y a inconvénient grave à faire démentir la vérité proclamée par la Cour de Cassation par une autre décision de la même Cour. *Ceux qui prétendent que les principes exigent que la décision sur le droit n'ait comme celle sur le fait qu'une autorité purement relative se trompent donc du tout au tout*, ils adoptent *une uniformité brutale des principes*, sans voir sur quoi les principes reposent et ce qui, par conséquent, les limite. Tandis que l'autorité de la chose jugée *sur le fait* ne peut être, en général, que *relative*, celle *sur le droit* doit être *absolue* et s'appliquer à toutes les affaires semblables.

On nous objectera que la décision d'une Cour d'appel sur un point de droit, si elle n'est pas déférée en Cassation, de vrait avoir le même effet. Non, d'abord elle ne pourrait s'imposer à une autre Cour ; puis elle n'a pas été toujours contradictoire avec le Ministère public ; enfin au point de vue pratique, si on lui accordait cet effet, il en résulterait entre les divers ressorts d appel une législation différente. Sans doute, au point de vue purement logique, le principe même ainsi appliqué est vrai, et c'est en vertu de lui que le prêteur romain formait la loi dans l'étendue de sa juridiction, mais la pratique vient en arrêter ici la propagation.

Le juge de Cassation doit donc, non seulement au point de vue de l'utilité, mais au point de vue des principes eux-mêmes, juger le point de droit d'une manière absolue et non seulement pour l'affaire qui lui est soumise. Dans ce but, le ministère public devra conclure dans tout les procès qui y sont portés, la Chambre des Requêtes qui n'examine que provisoirement et sommairement devra disparaître, et le point de droit devra être nettement dégagé, ne plus faire seulement partie des motifs, mais aussi du dispositif. Cette dernière réforme que nous avons déjà indiquée est capitale.

On a souvent remarqué, en consultant les arrêts dans les recueils de jurisprudence, que la rubrique de l'arrêt, en d'autres termes, le résumé essentiel du point de droit et de sa solution qui est fait en tête par l'arrêtiste peut souvent induire en erreur. En effet, le droit reste toujours plus ou moins enveloppé de fait, il est souvent difficile de l'en extraire et de l'obtenir pur ; la Cour de Cassation ne le fait pas toujours nettement elle-même, l'arrêtiste peut s'y tromper légèrement, cela se conçoit parce qu'il doit convertir un motif en dispositif. Il en serait tout autrement si la Cour de Cassation était obligée de décider le point de fait *in abstracto* avant de l'appliquer à la cause. Au lieu de dire dans le dispositif seulement : *rejette* ou *casse*, elle déclarerait auparavant dans ce même dispositif, sous une *forme générale et absolue*, par exemple : *on peut adopter ou on ne peut pas adopter un enfant naturel ; telle nature de privilège prime telle autre nature de privilège ; telle convention a besoin ou n'a pas besoin dêtre transcrite pour être opposable aux tiers*. Ces arrêts deviendraient même inutiles à recueillir ; il n'y aurait à recueillir que les *articles de droit de la Cour de Cassation, articles de droit ayant la force des articles de loi.*

Chaque année même toutes les décisions de droit de la Cour de Cassation, ayant la même force que la loi, seraient réunies dans un recueil officiel qui formerait le complément de nos lois et de nos codes. Au bout d'un certain temps il ne resterait plus sur les anciennes lois que peu de questions de droit non résolues.

Ici s'arrête l'interprétation stricto sensu. Mais elle peut facilement *dépasser ses limites, empiéter sur la législation* elle-même, et c'est ce danger qui a surtout préoccupé et empêché toute réforme.

Le juge de Cassation, s'il statue d'une manière générale, par un arrêt ayant force de loi, sera souvent tenté non de se demander *quelle a été l'intention du législateur*, mais plutôt *quelle est la valeur de la loi;* il peut penser que le législateur s'est trompé et a consacré, sans le vouloir, une injustice, et que cette injustice il y a lieu de la réparer, plutôt que de la consacrer. Le simple juge du fait n'est-il pas souvent entraîné dans cette voie? N'y a-t-il pas *lutte fréquente entre l'équité et le droit ?* Ne voyons-nous pas les tribunaux tourner la loi, *convertir les questions de droit en questions de fait*, et violer ainsi la loi elle-même de la meilleure foi du monde? Quelquefois ils corrigent par ce moyen de réels défauts législatifs ; cependant ils excèdent leur pouvoir, et font tort à la justice distributive qui n'est plus ainsi la même pour tous. La Cour de Cassation ayant droit d'interprétation générale subirait bien plus vivement le même entraînement, et alors *le juge deviendrait législateur.*

Le danger est réel. Mais il faut le *circonscrire.* Il ne consiste pas en ce que la loi est changée ou complétée, lorsqu'elle est mauvaise ou incomplète ; cela en soi est un bienfait. Il est même au fond beaucoup plus utile de rechercher la bonne décision que la mauvaise que le législateur a voulue inconsciemment. Le danger ne consiste qu'en ce que la réformation de la loi est faite par celui qui n'a pas le droit de la faire. Si donc la loi était examinée, non plus au point de vue de l'intention de celui qui l'a faite, mais au point de vue de sa valeur intrinsèque par celui qui a, par ailleurs, le droit de légiférer, cela serait excellent.

Hé bien ! il est facile d'arriver à ce résultat. La Cour de Cassation interprétera la loi *uniquement* au point de vue de la recherche de l'*intention du législateur de cette loi*, sans s'occuper de ses imperfections, de ses erreurs ou de ses lacunes. Si elle se renferme dans cette mission, tout est pour le mieux, avec cette réserve pourtant qu'il est fâcheux que la loi imparfaite ou erronée ne soit pas changée. Si, au contraire, elle dépasse sa mission, si elle change ou modifie en réalité la loi, il faut que cet empiètement puisse être réprimé par le pouvoir dont la puissance est usurpée, par le législatif lui-même.

Comment le pourra-t-il? Viendra-t-il décider que le juge de Cassation a excédé ses pouvoirs et casser sa décision? Cela est impossible, car quoique cette réformation n'eût lieu alors que pour l'avenir, elle tirerait toute autorité morale aux arrêts de Cassation.

Reprenons ici notre réserve faite un peu plus haut, à savoir qu'il est fâcheux que la loi à interpréter ne soit pas examinée au point de vue de sa bonté, de son utilité. Le judiciaire n'a pas le droit de le faire ; mais le législatif le peut ; et s'il le peut, il le doit.

Le moyen servira à la fois pour empêcher que la Cour de Cassation ne se transforme en législateur, et pour empêcher aussi que la loi à interpréter ne soit pas réformée à cette occasion si elle est défectueuse. Ce moyen, le voici :

Lorsque la Cour de Cassation aura décidé la question de droit d'après l'intention présumée avoir été celle du législateur de cette loi, sa décision sera non seulement générale et absolue, mais inattaquable sur ce point par qui que ce soit, par le législatif lui-même. Tout le monde devra s'incliner.

Mais toutes ses décisions ayant force de loi devront être soumises au législatif agissant soit par assemblées plénières, soit par délégations, et le législatif examinera si ces lois judiciaires rigoureusement interprétées sont bonnes, non au point de vue interprétatif, mais au point de vue législatif, s'il n'y a pas lieu *de changer la loi*. En effet, les inconvénients de la loi précédente, dissimulés tant que l'application ne les avait pas mis en relief, peuvent être très grands au point de vue utilitaire et pratique, et il y a lieu de la détruire ou de la modifier. Si, en outre, par déviation, le judiciaire avait empiété sur le législatif, en ne se préoccupant pas en réalité de l'intention du législateur, mais en refaisant la loi, le législatif aura ainsi un moyen *in-*

direct de faire rentrer le judiciaire dans ses limites ; il ne le fera point directement et par un véritable conflit, mais *indirectement* en déclarant que *ce que le judiciaire a dit être la loi était bien la loi, mais qu'il y a lieu de la changer.* Ajoutons que le judiciaire, étant sûr qu'il ne peut plus refaire la loi, n'en aura plus l'envie, qu'il n'en aura pas non plus besoin, les défauts de la loi devant être réparés immédiatement par le pouvoir compétent.

Donc, *concours successif du pouvoir judiciaire et du pouvoir législatif dans l'interprétation de la loi. Le judiciaire dit quelle a été la volonté du législateur précédent ; le législatif dit quelle est la volonté du législateur actuel* Pas de conflit possible ; pas non plus d'empiètement. Chacun décide ce qu'il est compétent pour décider.

Mais faudra-t-il à chaque décision de droit, à chaque loi judiciaire et interprétative de la Cour de Cassation, mettre tout le législatif en mouvement.

Nullement. Disons d'abord en passant que dans cette fonction le législatif ne peut être remplacé par un corps d'Etat dépendant de l'exécutif, le Conseil d'Etat seul, par exemple. Mais il n'est pas nécessaire que les assemblées législatives interviennent toujours dans leur totalité. Le législatif réside aussi bien dans les délégations des assemblées que dans les assemblées elles-mêmes.

Ce pouvoir, ou plus exactement la fonction législative, est exercée par le concours du chef de l'Etat ou de ses délégués, entre autres, le Conseil d'Etat, du Sénat et de la Chambre. Les décisions de cassation seront à la fin de chaque année soumises collectivement d'abord à une délégation du Conseil d'Etat qui les examinera et dira s'il n'y aurait pas lieu pour l'avenir de modifier la loi sur le point où la Cour de Cassation l'a déclaré, puis à une délégation de la Chambre, puis à une délégation du Sénat qui feront le même examen. Chacune de ses délégations sera avertie de l'avis des délégations précédentes. Quand toutes les délégations, ou plus exactement quand celles de la Chambre et du Sénat (l'examen du Conseil d'Etat n'étant que consultatif), seront d'accord pour ne faire aucun changement à la décision interprétative de la Cour de Cassation, les assemblées législatives ne seront pas saisies.

Si, au contraire, l'une des deux délégations est d'avis que sur ce point la loi doit être changée, un projet de loi limité à ce point sera présenté à la Chambre et au Sénat.

Ce vote aura lieu comme pour les lois ordinaires, mais avec deux différences. 1° Le vote ne pourra être écarté, ni renvoyé à une autre session sous aucun prétexte ; autrement tout le bienfait de l'institution qui consiste dans le perfectionnement incessant du détail de la législation disparaîtrait; 2° le projet de loi spécial ne pourra être converti en projet de loi d'ensemble sur la même matière ou renvoyé jusqu'à l'examen d'un projet d'ensemble déjà proposé ou à proposer; il devra être examiné et voté isolément, ce qui ne fait aucun obstacle à la plénitude du droit législatif; la loi particulière portée peut être ensuite détruite dans une loi générale, mais cette dernière loi ne peut retarder la prompte décision de la spéciale. Pour le même motif aucun amendement soulevant la réfection d'autres questions connexes ne pourra être produit; cette sorte de loi doit être circonscrite pour qu'elle ait un effet prompt et efficace.

La plupart des décisions interprétatives de la Cour de Cassation seront, en fait, ratifiées ; les projets de modifications proposés par les délégations législatives seront peu nombreux, et le but sera atteint, sans que le législatif soit mis à chaque instant en mouvement.

C'est ainsi que la loi sera dans son interprétation toujours immédiatement fixée, et que cependant le mouvement progressif de la législation n'en sera que plus rapide.

Il arrive rarement que sur un point de la plus haute importance, mais isolé, une loi intervienne ; si une erreur ou une lacune est signalée par la doctrine sur ce point, on attend qu'il soit besoin d'une réforme plus complète et portant sur l'ensemble de la matière pour réformer ce détail ; il peut ains s'écouler un temps très long, et dans l'intervalle on perd cet objet de vue. Il en résulte que la législation, si tant est qu'elle soit progressiste, ne peut l'être que par grandes masses. L'absence de réforme de détail rend non viables ou fausses des lois qui sans cela pourraient utilement fonctionner. C'est à ce titre important que, l'interprétation des lois étant fixe, la marche en avant de la législation n'en sera que plus rapide et plus effective.

Telle serait notre réforme. Elle est aussi simple qu'essentielle.

Nous n'avons pas voulu à propos d'elle faire une incursion dans la législation étrangère, dans la géographie du droit, non plus que dans son histoire générale. Pour une solution si naturelle, il était inutile d'invoquer des précédents et des exemples qui n'ont leur importance que dans des matières délicates où la raison seule sans la comparaison et l'expérience ne suffisent pas ; ici c'eût été faire de l'érudition en pure perte, et rendre obscur et complexe ce qui ne l'est pas. Il suffisait de montrer que théorie et pratique sont d'accord pour amener logiquement à l'établissement de lois interprétatives tel que nous l'avons fait.

Nous nous résumons ainsi :

L'interprétation n'est pas œuvre législative, mais œuvre judiciaire, en tant qu'elle se borne, comme elle doit s'y borner, à rechercher quelle a été l'intention du législateur. Elle doit être donnée par la cour judiciaire suprême, la Cour de Cassation, elle doit l'être en une seule fois, sans qu'un débat s'établisse entre cette cour et les cours d'appel ; bien plus, la Cour de Cassation, au lieu de renvoyer, doit évoquer le fond toutes les fois qu'il n'est pas nécessaire de recourir à un nouvel apurement. La Chambre des Requêtes doit être supprimée. Il n'y a jamais lieu non plus à statuer chambres réunies. Enfin le ministère public doit conclure dans toutes les affaires. De cette intervention il résulte que tous les citoyens ont été représentés dans le débat de la question de droit et que la décision a effet non seulement entre les parties en litige, mais dans tout procès, et que la décision lie la Cour de Cassation elle-même. Toutes les sentences de droit de cette Cour ont force de loi et sont promulguées comme telles dans l'*Officiel*. Ces sentences font partie du dispositif de l'arrêt, et sont dégagées du fait et formulées d'une manière générale et absolue.

Tous les ans ces décisions sont réunies dans un recueil officiel, elles sont soumises à des délégations des corps qui exercent le pouvoir législatif ; ces délégations ne s'occupent pas de l'intention qu'a eue le législateur précédent, ce point a été décidé contre tous par la Cour suprême ; elles recherchent seulement si, au point de vue législatif, ces décisions sont utiles à maintenir pour l'avenir ou si l'on doit les changer ; dans le second cas, elles formulent un projet de loi qui est soumis aux Chambres, projet de loi qui ne doit porter que sur ce point spécial, sans qu'il puisse être étendu au delà, ou que la discussion puisse en être retardée.

On verra alors peu à peu *la science purement juridique*, science d'*exégèse* et de *chicane*, se convertir en *science législative*, science d'*équité*, d'*utilité* et de *justice*. En attendant, le nombre des procès se réduira à mesure que les questions de droit, tranchées tout de suite définitivement, auront disparu.

Vannes. — Imprimerie LAFOLYE.

OUVRAGES DU MÊME AUTEUR

Etudes et réformes de législation.

Etude sur la réorganisation des justices de paix.

Etude sur la réforme de l'Instruction publique en France, particulièrement de l'Instruction secondaire.

Etude sur la réforme de la Procédure civile d'exécution.

Des vices de nos Codes, en particulier, du Code civil.

Des offices, de leur rachat, de la suppression des frais de justice.

De la représentation proportionnelle de la Majorité et des Minorités.

De la publicité dans le droit ou réforme hypothécaire.

De l'interprétation judiciaire et législative des lois.

Pour paraitre prochainement :

De la classification rationnelle du droit.

Du système successoral dans les diverses législations et de sa consruction scientifique.

De la réforme du régime matrimonial quant aux biens.

De la fusion du droit commercial et du droit civil.

De l'unification des législations de différents peuples.

De la répression effective de certains délits.

Vannes. — Imprimerie Lafolye, 2, place des Lices.

www.ingramcontent.com/pod-product-compliance
Ingram Content Group UK Ltd.
Pitfield, Milton Keynes, MK11 3LW, UK
UKHW022152260726
13993UKWH00005B/2328